LA MÉTAMORPHOSE INUTILE DES FEMMES EXTRAVAGANTES.

COMEDIE

DIVISE'E EN DEUX PARTIES,

Dont la premiere represente

Le changement de la laideur en beauté.

Et la seconde

Le changement de la beauté en laideur.

Toutes les deux montrant par divers incidens, que quelque chose qui puisse arriver, le changement du corps n'en apporte aucun dans l'esprit.

A VALENCIENNES,
Chez Gabriel François Henry,
Imprimeur du Roy. 1709.

PERSONNAGES.

ARCAS, Gentil-homme ami de Timante.

TIMANTE, ami d'Arcas.

LEANDRE, Gentil-homme qui jouë du Theorbe.

AUGUSTE, ami de Leandre, & Gentil-homme amateur de Musique.

LE VICOMTE DE LA CHAINE.

THIBAUT, Bailly du Vicomte.

LE CAPITAINE STRIDADENTI, Napolitain, & Commandant du Chateau.

CALIFRONIA sa Femme.

Mr. STOSMAIR, Marchand.

BARBE, sa Femme.

Mr. VALENTIN DE TIEFFENBRUN, Operateur.

HANS WURST, son Valet.

PIERRE.
IGNACE.
ANDRE'. } Domestiques de
BASTIEN.   l'Operateur.
MARTIN.

UN MEDECIN.
LE CAPITAINE KLINGENSPALT,
  Officier de Cavalerie.
SON LIEUTENANT.
SON MARECHAL DES LOGIS.
SON TROMPETTE.
UN AVOCAT.
UN PROCUREUR.
MICHEL.   }
PHILIPPE.   } Paysans.
NAZI, Fils de Paysan.
DIETRICH, Valet de Stosmair.
PELAGIE, Sœur devote, Femme de
  Chambre de la Vicomtesse.
SUSANNE, Servante de Califronie.
BARNABA, Valet du Capitaine Strida-
  denti.
UN CABARETIER.
UN BOULANGER.
LA BOUFFET, Coiffeuse.
LA CHOFFET, Couturiere.
Mr. JERICOT, Marchand d'Etoffes.
UN TAILLEUR.
UN CORDONNIER.
UN CHARRON.
JASMIN, Laquais de Mademoiselle Stos-
  mair.
DEUX PAGES.
Deux Lutins, sous la forme de D. Quis-
  chote & de Sancho Pança.
Un Lutin, sous la forme de Dulcinée.

Deux Archers du Guet.
Le Serpent Python,

C O M P A R S E S.

Des Porteurs de Chaise.
Des esprits follets sous la forme de Ma-
taffins.
Des Medecins avec leur Bedeau.
Des garçons de Cabaret.
Des Domestiques de Mademoiselle Stos-
mair.
Des Domestiques du Vicomte.
Des Masques.
Des Creanciers de Stosmair.
Des Cavaliers de la compagnie du Capitaine
Klingenspalt.

ENTRE'ES DE BALLET.

1. HANS WURST avec sa Femme.
2. Des esprits folets, sous la forme de Ma-
taffins, qui font la leffive où l'on met
en danfant les trois Femmes.
3. Des Voleurs, qui attaquent la nuit des
Paffans, & qui font eux-mêmes arrê-
tez par le Guet, aprés avoir pris le
Corbillon d'un Oublieux.
4. Des Espagnols, qui danfent dans la Fête

que Califronie donne à son Mari pour
le jour de sa Naissance.

5. Une Mascarade de toutes sortes de caracteres.

6. Des Vieillards avec des Vieilles qui
viennent aux secondes Noces de Mr.
Stosmair.

La Scene est à Lille.

LA
MÉTAMORPHOSE
INUTILE
DES FEMMES
EXTRAVAGANTES.
COMEDIE.
PREMIERE PARTIE.

ACTE PREMIER.

Timante, poſſeſſeur d'un tres-gros bien, dont il peut diſpoſer à ſa volonté, ſe trouvant fort preſſé par *Arcas*, ſon ami intime, de chercher à s'établir par un mariage avantageux, declare nettement qu'il eſt bien loin de cette penſée ; & qu'il n'en veut rien faire, étant

trop content de joüir d'un côté des charmes
de la liberté, & trop perfuadé de l'autre
des amertumes, qui fe rencontrent d'ordinaire dans le mariage. C'eft pour quoy,
malgré les vives remonftrances *d'Arcas*, &
degouté par tant d'exemples rebutans qu'il
a tous les jours devant les yeux, il prend la
refolution de fe mettre à la guerre, & d'a-
cheter une compagnie de Cavalerie, efpe-
rant fe diftinguer fi fort en campagne par
la bonne chere qu'il y fera, & par la magni-
ficence de fes Equipages, qu'il ne tardera
guere à devenir Colonel. *Arcas* tâche de
l'en diffuader par toutes les raifons, dont
il fe peut avifer ; & pendant, qu'ils font
là-deffus dans une efpece de conteftation,
certain Marchand appellé *Lucas Stosmair*
furvient, qui fe plaint amerement de la mau-
vaife humeur de fa femme, avec laquelle il
n'y a plus moyen de vivre, & dont le procedé infupportable a changé en trifteffe la
joye, qui le faifoit fouhaiter autrefois dans
toutes les compagnies. Les circonftances ridicules dont ce Marchand accompagne fon
recit, pour juftifier fon chagrin, & donner
plus de relief à la mechanceté de fa femme,
degoutent de plus en plus *Timante*, quelque chofe que fon ami lui puiffe dire au
contraire, & il perfite dans la refolution de
ne fe marier de fa vie. Le Capitaine *Syri-*

dadenti Napolitain, vient aussi se plaindre de sa cruelle destinée, qui l'a determiné à épouser la Veuve du Commandant de certain Fort, afin d'avoir l'employ du deffunt. Il asseure fortement qu'il est le plus malheureux de tous les hommes, quoy qu'il se trouve en place par ce mariage, & qu'il soit fort aimé de son épouse, ajoutant qu'elle a tant de maladies ensemble, & tant d'infirmitez si degoutantes, qu'on la peut appeller à bon titre un hopital ambulant : Si bien qu'il n'a plus d'esperance que dans la mort, qui seule le peut delivrer de l'affreux supplice qu'il éprouve tous les jours. *Le Vicomte de la Chaîne*, qui vient les interrompre, paroît au desespoir, & s'emporte contre le procedé irregulier, & rebutant de la Vicomtesse sa femme, qui met sa patience à bout. On tâche en vain de le consoler par l'exemple des deux autres maris presens, dont l'un est à tous momens chargé de coups de bâton par sa femme, & l'autre empesté par les emplâtres, & par la mauvaise odeur de la sienne. Tout celà n'adoucit point la douleur *du Vicomte*, qui fait un ample détail des deffauts de la Vicomtesse, laquelle outre la bigoterie ; accable les gens, quelque part qu'elle se trouve, & en quelque occasion que ce soit, de discours si ennuyans, & de traits de morale si mal placez, qu'elle le fait mourir à toute heure d'ennuy & de chagrin. Chacun de ces trois Epoux infortunez foutient toûjours que le malheur des autres n'approche pas du fien ; & *Timante* & *Arcas*, pour décider la chofe, les prient d'attendre qu'ils ayent été témoins occulaires des imperfections de leurs femmes. Ils y confentent, & chacun fe flate en fecret que la caufe fera décidée en fa faveur.

Califronie, femme du Capitaine *Strida-denti*, paroît la premiere, appuyée fur des Bequilles, & foûtenuë encore fous les bras par *Sufanne* fa Servante, & par *Barnaba* fon Valet. Il fe paffe alors une Scene des plus divertiffantes, & *Stosmair*, en voyant la laideur, & les infirmitez degoutantes de cette miferable creature, eft contraint d'avoüer, qu'il aimeroit encore mieux fa femme, toute mechante qu'elle eft, que celle-là. *Le Vicomte* foutient toûjours, que la Vicomteffe eft encore plus infupportable, que toutes les autres ; & là-deffus vient Mademoifelle Stosmair, qui enragée contre fon Valet *Dieterich*, qu'Elle affomme de coups pour un fujet auffi leger qu'extravagant, décharge fa colere fur tous ceux qu'elle rencontre, & principalement fur fon mari, à qui elle donne auffi des coups de baton faifant un fi grand vacarme, que tout le monde eft obli-

gé de se retirer pour éviter sa fureur. Sœur
Pelagie, devote, & femme de Chambre de
de la *Vicomtesse*, vient bonnement pour mettre le holà : Mais elle est d'abord regalée
d'un bon soufflet, qu'elle reçoit avec beaucoup de moderation, & presente encore l'autre joüe pour en recevoir un second. *La
Vicomtesse* survenant alors se trouve si sçan-
dalisée qu'une petite Bourgeoise ait osé à sa
veuë maltraiter sa femme de Chambre,
qu'elle en demande justice à son mari. Celui-cy, qui ne veut point se mêler dans les
tracasseries des femmes, d'où il n'arrive tôt
ou tard que de méchantes affaires, s'excuse
par des traits Satiriques & mordicans, d'entrer dans cette dispute, dont *la Vicomtesse* est
tellement outrée, qu'aprés lui avoir repro-
ché le peu d'égards qu'il a pour elle, & le
changement visible qu'il y a en lui, par rapport à la tendresse qu'il avoit autrefois pour
elle, Elle feint de se trouver mal pour avoir
un pretexte honnête de se retirer de la compagnie. Les sentimens differens *d'Arcas* &
de *Timante* sur le jugement qu'on leur demande, toûchant la plus incommode de ces
trois femmes, font que la question demeu-
re indecise, & pour l'examiner plus à loisir,
ils conviennent d'aller souper tous ensemble
à pic nic à *la Pucelle*. En attendant l'heure ils
font un tour de place, où ils trouvent un

fameux *Operateur*, qui entr'autres fecrets
merveilleux, felon les billets qu'il fait di-
ftribuer à tous les fpectateurs, a celui de
rajeunir les femmes; & de les changer entierement d'efprit auffi-bien que de vifage.
Ils voyent même devant leurs yeux un effet furprenant des remedes de cet *Operateur*.
Car *un Medecin* de la ville, croyant le con-
fondre publiquement, & faire voir à tout le
monde le peu de vertu de fon Antidote, fait
avaler du plus fubtil poifon à un Payfan nommé *Lippel*, qui par la promeffe de vingt écus
fe refoud à faire un fi dangereux effay. Le
pauvre *Lippel* enfle d'abord d'une maniere
prodigieufe, dont *le Medecin* paroît tres content, croyant déjà avoir renverfé par la mort
inevitable de ce malheureux, la haute reputation de l'Operateur. Mais à peine celuy-cy
a-t-il fait prendre au Payfan quelque peu de
fon Orvietan, qu'il revient à luy-même,
défenfle à veuë d'œil, & fe trouve en peu
de momens tout à fait gueri. Une Cure fi
furprenante fait que tous les Affiftans chaf-
fent *le Medecin* avec de grandes huées, &
que nos trois Maris ne doutent plus qu'un fi
habile homme ne puifle auffi rajeunir leurs
femmes, & les rendre telles qu'ils les defi-
rent. Ils le prient de venir fouper avec eux,
pour lui en faire la propofition, & d'amener
fon Valet *Hans Wurft* pour leur fervir de

divertiſſement pendant le repas. *L'Operateur* accepte volontiers cet honneur, & ils vont tous enſemble *à la Pucelle*, où il leur promet de leur donner tous les éclairciſſemens qu'ils peuvent ſouhaiter touchant la maniere dont il s'y faut prendre pour réüſſir dans cette entrepriſe. Cependant l'Operateur pour réjoüir la compagnie fait danſer *Hans Wurſt* avec ſa femme *Freiſche* pour finir cette heureuſe journée par lui.

ACTE SECOND.

LA Vicomteſſe voulant s'entretenir d'aflaire avec ſon *Bailly* fait ordonner à ſon Suiſſe de ne laiſſer entrer perſonne. *Le Bailly*, lui demande d'abord un verre de Vin, ſe trouvant fort échauffé, & hors d'haleine pour être venu à pied depuis prés d'une grande lieuë, où la voiture dans laquelle il étoit s'eſt malheureuſement briſée. *La Vicomteſſe* s'excuſe de lui en faire apporter ſur ce que c'eſt un jour de jeûne, & *le Bailly*, dont le caractere eſt un peu bruſque, mais franc & ſincere, & qui ne ſçauroit ſouffrir les airs affeᵭtez que *la Vicomteſſe* ſe donne avec tant de faſte & d'hyppocriſie, lui en fait voir le ridicule, & la converſation devient fort animée de part & d'autre. C'eſt en vain qu'il repreſente à cette Dame la mifere de fes fujets, qui ont été fouragez, pillez, & ruïnez abfolument par l'approche des armées, la Bigote prefere fes propres commoditez à toute autre chofe, & leur refufe impitoyablement le rabais qu'ils demandent. *Le Bailly* enragé de cette dureté, & fatigué d'entendre la Vicomtefſe attaquer impunement la reputation de tout le monde, finit l'entretien & demande à parler à Mr. le Vicomte, qu'il dit avoir vû de loin fur la petite Place au Theatre de *l'Operateur* nouvellement arrivé. *La Vicomteſſe* paroît extrememement fcandalifée de ce que fon Epoux affifte ainfi à des fpectacles publics, & fe récrie furieufement là-contre. *Le Bailly* après lui avoir remontré à fa maniere le faux & le ridicule de cette opinion, & dit fortement qu'ils avoient fait plus de mal, elle en medifant de tout le monde, & lui en jurant contre elle, que le Vicomte en fe trouvant à des fpectacles, lui donne, en s'en allant, un des billets que cet *Operateur* a fait femer par la Ville, & va fe rafraîchir au premier Cabaret en attendant le retour de fon maître. *La Vicomteſſe* lit attentivement le billet, & trouvant qu'entr'autres fecrets merveilleux *cet Operateur* a celui de rajeunir les femmes, elle prend la refolution d'éprouver elle-même s'il pourra venir à bout d'une, chofe fi extraordinaire, Comme elle veut cacher fon deſſein à tout le monde, elle tâche par des detours d'empêcher même que ſa fidele Sœur *Pelagie* ne le penetre, quoy que celle-cy, ne s'en apperçoive que trop; & ſous pretexte d'un mal de tête qui l'a empêchée de dormir toute la nuit, elle envoye chercher de l'Opium par ſa femme de Chambre, afin de s'endormir; ce qui eſt le premier pas qu'on doit faire avant que de ſe mettre dans la Cure. *Pelagie* obeït, & la Vicomteſſe auſſi impatiente que les autres femmes de ſe voir jeune & belle, va attendre ſur ſon lit de repos le retour de cette bonne fille.

Cependant le ſoupé de *la Pucelle* étant fini, toute la compagnie revient; & l'Operateur aſſeure de nouveau les trois Epoux, qu'il viendra à bout de tout ce qu'il leur a promis, pourvû qu'ils lui faſſent livrer leurs femmes bien enſevelies dans un profond ſommeil. Il les avertit ſeulement de ne pas s'effrayer de ce qu'ils verront, étant obligé de ſe ſervir pour celà de certains eſprits familiers, & de certaines ceremonies, qui approchent fort de la Magie Noire. *L'Operateur* étant parti, pour preparer tout ce qu'il faut, nos maris ſe trouvent aſſez embaraſſez comment faire avaler quelque Breuvage à leurs femmes pour les endormir. *Stosmair* en vient à bout le premier par un ſtratageme aſſez plaiſant; & *le Capitaine*

Stridadenti, à peine propose-t'il à *Califronie*
de prendre quelque chose, qui doit, lui dit-
il, la guerir de tous ses maux, qu'elle l'ava-
le sans difficulté. *Le Vicomte* trouve aussi
par bonheur, que sa femme l'a prevenu, &
apprend de *Pelagie* que la Vicomtesse a pris
de l'Opium pour s'endormir plus vite, &
reposer plus long-temps, voulant profiter
pendant son sommeil du rare secret de l'O-
perateur, dont *le Bailly* lui avoit donné un
imprimé. *Le Vicomte* sçachant de *Pelagie*
que *le Bailly* est au prochain Cabaret lui commande de l'aller chercher promptement, à
quoy elle obeït aprés quelques grimaces, &
quelque mauvais discours de pruderie qu'elle
tient là-dessus. *Le Bailly* à son arrivée se
charge volontiers de faire porter au Chaudron
les trois femmes endormies, & la chose s'execute à l'entiere satisfaction des interessez.
Califronie chante avant que de s'endormir,
& Mademoiselle *Stosmair*, qui est presente,
ne pouvant resister aux charmes de la Musique s'endort aussi avec elle, dont *le Bailly*
est si joyeux, qu'il fait apporter *la Vicomtesse*
comme en triomphe, pour la joindre aux
deux autres, & les mettre toutes trois ensemble dans le Chaudron. La ceremonie s'en
fait aussi-tôt en dansant, & en chantant ces
paroles.

AIR

AIR.

Les Oyseaux sont dans la cage,
Les voilà pris tout de bon.
Quand une Femme n'est pas sage,
Qu'elle est incommode, ou volage,
Au Chaudron, vîte, au Chaudron.

Cependant *l'Operateur* prepare chez lui tout ce qu'il faut pour montrer cette rare preuve de son sçavoir. Il fait quelques conjurations, aprés lesquelles on voit sortir des Enfers le Serpent Python, qui jette par la gueule quantité de Lutins, ou d'esprits Familiers, qui apportent pour la composition de la lessive, où l'on doit mettre les trois femmes, de l'eau du fleuve-lethé; de celle de Phlegeton, & de celle du Stix, de l'écume du chien Cerbere, du lait de la chevre Amaltée qui nourrit Jupiter, du lait de la vache Io, & du sang du Sanglier qui tua autrefois le bel Adonis. Comme on est obligé de garder le silence en ces sortes de misteres, la chevre Amaltée veut enlever *Hans Wurst*, qui a eu l'imprudence de parler : Mais l'Operateur le sauve de ce malheur, & commande à ses Valets d'attiser le feu sous le grand Chaudron qui paroît dans le fond : Aprés quoy les Lutins, ou esprits familiers qu'il a fait sortir sous

B

la forme de Mataſſins , forment entr'eux une entrée de Ballet , où ils expriment par leurs pas avec combien d'ardeur & de joye ils obeïſſent à la voix d'un ſi habile homme. On apporte enfin au ſon des inſtrumens nos trois femmes endormies , accompagnées de leurs Epoux & de leurs amis , & elles ſont miſes dans le chaudron par les Mataſſins. Pendant qu'elles ſont dans cette leſſive preparée par *l'Opera-teur*, on chante pluſieurs couplets de Chan-ſon convenables au ſujet : Mais la Cure eſt troublée par la plus grande partie de la Fa-culté, de Medecine avec ſon Bedeau à la tête , qui entre par force dans la maiſon de *l'Operateur* croyant le ſurprendre, & le con-vaincre d'être ſorcier. Il y a de groſſes paro-les de part & d'autre, dont l'Operateur à la fin ſe trouvant trop offenſé, il fait enlever le principal des Medecins par la chevre Amal-tée, & chaſſer les autres à grands coups de bâton par les eſprits Familiers qui ſont avec lui.

On retire enſuite les femmes du chaudron, plus belles que jamais , & ſi changées à leur avantage que les maris ne les ſçauroient plus reconnoître. Avant qu'on les reveille, l'O-perateur par precaution donne à chaque E-poux un certain remede pour faire rendor-mir ſa femme, en cas qu'il ne ſoit pas con-tent du changement que l'on vient de faire,

& qu'il trouve plus à propos de la renvoyer au chaudron pour la remettre dans son premier état. Les femmes étant reveillées, font surprises de se trouver dans un lieu qui leur est inconnu, mais elles le font encore d'avantage quand elles se regardent dans des miroirs qui leur sont presentez. Alors elles se rejoüissent de se voir si jeunes & si belles, & reçoivent avec plaisir les complimens qu'on leur fait là-dessus. Mais *la Vicomtesse* ne sçauroit oublier l'injure qu'elle a receuë de la femme de *Stosmair*, & paroît fachée qu'une petite Bourgeoise comme celle-là, joüisse du même avantage que des personnes de qualité, & soit rajeunie aussi bien que Califronie & elle. Mais si *la Vicomtesse* se ressouvient de cet affront, il n'en est pas de même à l'égard des dehors de devotion qu'elle affectoit autrefois. Elle est la premiere à proposer d'aller au Cabaret faire *Medianoche* avec toute la compagnie, & de se divertir tout le reste de la nuit. Chacun applaudit à sa pensée, & sur tout *Califronie*, Mais elles bannissent la pauvre *Stosmair* de cette societé, ne voulant pas qu'une petite Bourgeoise comme elle soit de leurs parties de plaisir. Ce mépris la choque terriblement, & pour pouvoir se trouver à l'avenir avec des gens de qualité, elle veut que son mari lui donne des habits magnifiques, & qu'il l'appelle desormais

B 2

Madame. Sans attendre même qu'il soit jour,
elle fait promptement venir un Carosse pour
aller dans toutes les boutiques de la Ville,
choisir les Etoffes qui seront le plus à son gré,
& se fait éclairer par deux laquais avec chacun un flambeau. *Stosmair* voyant un si
grand changement dans l'humeur de sa femme, & craignant que son ambition ne le ruïne
par trop de dépence en habits, & en équi-
pages, commence à se repentir de l'avoir fait
rajeunir, & en témoigne quelque chagrin à
l'Operateur, qui pour le consoler lui promet
de la remettre dans son premier état toutes
les fois qu'il le trouvera à propos.

ACTE III.

ON se divertit à merveilles à la Pucelle;
& *la Vicomtesse* & *Califronie* se trouvant
à table avec leurs maris, & le reste de la
compagnie font celles qui mettent tout le
monde en train, par des chansons à boire, &
par des manieres toutes polies & pleines de
gentillesse. Deux Gentils-hommes, l'un
nommé *Leandre*, & l'autre appellé *Auguste*,
se trouvant à une autre table dans la même
chambre, s'insinuent dans cette compagnie à la faveur de la Musique, & le dernier
chante un air Italien, qui deplaît beaucoup

au *Capitaine Stridadenti* , sur tout voyant que cet *Auguste* en conte à *Califronie* , dont il ne doute pas qu'il ne soit amoureux. Il modere pourtant sa jalousie autant qu'il lui est possible , & l'on continuë à se réjoüir comme il faut. La Vicomtesse , pour mieux exciter les autres à la joye , prend un tambour de Basque , & danse au milieu de l'assemblée avec beaucoup de grace & de legereté. Mais la fête est troublée par un Capitaine de Cavalerie nommé *Klingenspalt* , qui boit dans la même chambre avec *Brumbs* son Lieutenant & *Schlandt* son Marechal des logis. Il trouve *la Vicomtesse* à son gré , & commande aux Trompettes qui sont avec lui de sonner quelques Fanfares pendant qu'il boit à sa santé. Ce bruit imprevû étourdissant tout le monde , le *Vicomte* crie qu'on se taise de ce côté-là , si l'on veut entendre la Musique. *Le Capitaine* , qui outre sa brutalité naturelle est encore pris de vin , se fâche qu'on lui veüille ainsi imposer des loix ; & mettant l'épée à la main , il fait tant de bruit & de vacarme que tout le monde est obligé de se sauver avec precipitation. *L'hôte* n'est pas mieux traité que les autres , & voyant que le Capitaine , non content de lui avoir fait perdre son bien par la fuite de ceux, qui beuvoient & mangeoient chez lui , le menace encore de lui fendre la tête quand il lui

demande son payement, appelle ses Valets à
son secours, qui chassent le Capitaine à son
tour, avec tous ceux qui sont avec lui, &
les poursuivent jusques dans la ruë.

Les autres gens, qui sont dans le même
Cabaret, entre-lesquels il y a un *Avocat* &
un *Procureur*, se doutant bien de ce qui arrive d'ordinaire en ces sortes d'occasions, en
sortent le plus vîte qu'ils peuvent, & ap-
pellent le Guet de toutes leurs forces. Le
Guet, qui se trouve par hazard fort proche
s'avance en diligence, & saisit dans l'obscurité *le Vicomte* & *Stosmair*, croyant qu'ils se
sont battus en Düel, le Vicomte ayant mis
effectivement l'épée à la main contre *Stos-*
mair qu'il avoit pris pour le Capitaine de
Cavalerie. Ils ont beau se nommer & pro-
tester de leur innocence on n'écoute rien de
ce qu'ils disent, & ils sont conduits tous
deux en prison, *la Vicomtesse*, qui cherche
aussi à se sauver avec *le Bailly*, tombe entre
les mains du Capitaine de Cavalerie, qui ravi
d'avoir rencontré ce qu'il souhaite, lui promet de perdre plûtôt la vie que de l'abandon-
ner dans un pareil desordre, & l'emmene
avec lui. *Califronie* est aussi conduite en lieu
de seureté par *Auguste* & par *Leandre*; &
tous les autres se tirent comme ils peuvent
d'intrigue & d'embarras, Des filoux croyant
de pouvoir faire quelque bon coup dans cette

horrible confufion, fe mettent en embufca-
de, & volent quelques manteaux à des paffans. Ils arrêtent auffi un Oublieux, qui leur
abandonne fon Corbillon : Mais le Guet
furvenant ils font obligez de fuïr, aprés
s'être un peu chamaillez ; & avoir renverfé
le Corbillon, qui eft tout rempli de Farine,
fur la tête d'un des Archers du guet, affez
connu fous le nom de *Martin Schlubeck
aus dem Karfcht*, & c'eft par ce Ballet divertiffant que finit la premiere Partie de cet-
ce Comedie.

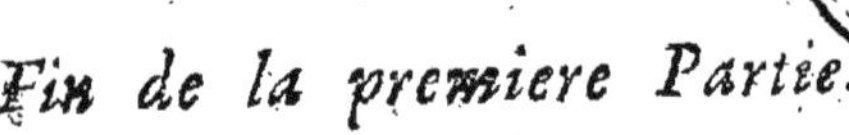

Fin de la premiere Partie.

LA
METAMORPHOSE
INUTILE
DES FEMMES
EXTRAVAGANTES.
COMEDIE.
SECONDE PARTIE.

ACTE QUATRIE'ME.

LE *Capitaine Stridadenti*, quoy que ravî de s'être heureusement tiré de l'embarras où il s'est trouvé par la brutalité *du Capitaine* de Cavalerie, ne laisse pas d'être dans toutes les inquietudes imaginables pour sa femme, qui lui est échapée pendant ce tumulte, & d'apprehender les suites facheuses de la familiarité qu'il a remarquée entre son Epouse & le Gentilhomme qui a chanté avec elle. Il tâche pourtant de surmonter ces sentimens jaloux, & va chez lui pour voir si sa femme n'y sera pas retournée. Il apprend de *Barnaba* son valet, qu'elle y est effectivement, mais avec deux hommes, qui chantent avec elle. Il n'en faut pas d'avantage pour allarmer un homme naturellement porté à la jalousie. Mais l'adroite *Califronie* le previent avec beaucoup d'esprit, en lui apprennant que ces Messieurs ne sont là, que pour concerter avec elle certain divertissement, dont elle veut le surprendre, pour celebrer avec éclat le jour de sa naissance. qui se trouve justement cette même journée. Elle ajoute que puisqu'il est revenu

avant qu'ils euſſent achevé de diſpoſer toutes
choſes, il n'eſt plus queſtion de lui cacher
leur deſſein tant pour la fête, que pour le
repas, dont ces Meſſieurs veulent bien faire
toute la depenſe. Cette derniere circonſtance
appaiſe un peu *Stridadenti* : Mais avec tout
cela il prend la reſolution d'obſerver exacte-
ment tout ce qui ſe paſſera, principalement
à l'égard *d'Auguſte*, qui lui donne de bien
plus violens ſoupçons que l'autre, *Suſanne*
va prier de la part de ſon Maître & de ſa Maî-
treſſe *Arcas & Timante* de ſe trouver à cette fête, dont ils ne ſont pas peu étonnez,
ſçachant mieux que perſonne juſqu'où va
l'avarice inſupportable du Capitaine Italien.
Suſanne les tire bientôt d'erreur, en leur apprennant que ce ſont *Auguſte & Leandre* qui
en font tous les fraix Elle leur dit auſſi que
le Vicomte, *la Vicomteſſe & Stoſmair* devoient
être de la partie, mais qu'on ne les trouvoit
point chez eux : Ce qui faiſoit apprehender
qu'il ne leur fût arrivé quelque accident,
Dans le temps qu'*Arcas & Timante* veulent
aller voir ſi par hazard on ne les auroit point
menez au corps de garde de la grand' place,
Dieterich valet de *Stoſmair* leur annonce que
ſon Maître & *le Vicomte* ſont tous deux en
Priſon pour s'être battus en düel *Arcas &*
Timante ont peine à croire à ce rapport,
ſçachant bien que *Stoſmair* eſt un des plus

grands poltrons de la terre. Cependant pour
en être éclaircis, & tâcher de delivrer leurs
amis, si veritablement ils sont en Prison, ils
vont trouver le Prevôt, & lui parler en leur
faveur. La femme *de Stofmair* arrive en ce
temps-là, magnifiquement parée, se faisant
porter la queuë par un petit page, & ayant
une livrée toute neuve. Entre plusieurs airs
qu'elle se veut donner, & qui ne lui conviennent en aucune façon, elle s'instruit par
le moyen de *Jasmin* son nouveau laquais, des
manieres qu'elle doit prendre pour ressem-
bler aux Dames de qualité, & ordonne que
desormais on l'appelle Madame, disant qu'elle est pour le moins d'aussi bonne maison
que *Califronie* qui a été blanchisseuse, & qui
n'est maintenant qu'une gueuse revêtuë. *Su-*
sanne, qui entend tout ce discours, va sur le
champ en avertir sa Maîtresse, & celle-cy
s'en trouvant terriblement offensée sort toute
en furie, à moitié habillée en Espagnolette,
pour se vanger sur le champ de l'insolence
de la *Stofmair*. Heureusement elle ne la trouve plus, & decharge une partie de sa colere
sur son valet *Dieterich*, qui soûtient toûjours
que sa maîtresse a raison de l'appeller blanchisseuse revêtuë, puisqu'il se souvient tres-
bien de lui devoir encore deux écus pour
lui avoir autrefois blanchi son linge. *Augu-*
ste & Leandre, qui surviennent, sont fort

furpris de trouver *Califronie* dans une fi grande
de colere. Elle leur en cache le veritable fujet, & dit feulement que la femme de *Stof-*
mair, cette indigne & petite Bourgeoife, a
eu l'impertinence de mal parler d'elle. Quelque chofe qu'ils lui puiffent dire pour l'apa-
paifer, elle perfifte toûjours dans la refolution de fe vanger, & tire à part *Augufte &*
Leandre, pour convenir avec eux des moyens,
dont on fe doit fervir, pour attirer la *Stof-*
mair dans la ruë, & lui donner des coups de
baton. *Le Capitaine Stridadenti* qui furvient
alors, & qui voit ces deux hommes à l'écart
parler à l'oreille de fa femme, entendant même certains mots entrecoupez d'amufer le
mari, & d'emmener la femme, il croît que
c'eft à la fienne qu'on en veut, & prend l'al-
larme d'abord. Il diffimule pourtant, pour
avoir une plus belle occafion de vanger fon
honneur qu'il croît offenfé, & *Califronie*
court achever de s'habiller, pendant que les
autres fe difpofent à commencer la fête. Cependant *le Vicomte* & *Stofmair* font tirez de
leur prifon par *Arcas* & *Timante*, dont il les
remercient avec beaucoup de politefie &
d'honnêté, leur faifant voir que c'étoit fort
injuftement qu'ils y avoient été conduits. Le
Vicomte toûjours inquiet pour *la Vicomteffe*
fon Epoufe, apprenant qu'elle n'eft pas encore rentrée chez elle, court la chercher avec

beaucoup d'empreſſement, & prie ces autres Meſſieurs de faire ſes excuſes au Capitaine *Stridadenti* & à *Califronie* de ce qu'il
ne peut avoir l'honneur de ſe trouver à la fête
où ils l'ont invité. D'un autre côté *Stoſmair*
paroît fort mécontent des folles dépenſes de
ſa femme, & l'on en vient de part & d'autre à des reproches aſſez violens ; Mais *Ti-*
mante & *Arcas* empêchent par de ſages re-
montrances, que la choſe n'aille plus loin ;
& ils vont tous enſemble chez *Califronie* pour
aſſiſter à la fête où on les a fait prier. Ils ap-
prennent en y arrivant que l'on eſt déjà au
fruit, mais avec tout celà ils ne laiſſent pas
d'entrer ; & *Califronie* voyant la femme de
Stoſmair ſe reſſouvient de ce qu'elle a dit
d'elle, & peu s'en faut qu'elle ne faſſe quelque extravagance pour s'en vanger ſur le
champ, tant elle eſt irritée contre cette lan-
gue envenimée. *Leandre* l'en empêche, lui
diſant tout bas, que ſans la commettre en
aucune maniere avec une perſonne ſi fort au
deſſous d'elle, on ne manquera pas le même
ſoir de la punir à bons coups de bâton de ſes
mauvais diſcours, & qu'elle peut s'en repoſer
ſur lui. *Califronie* diſſimule donc le mieux
qu'elle peut les tranſports de ſon reſſentiment,
& dit tout haut mille honnêtetez à la femme de *Stoſmair*, pendant que, tout bas elle
la maudit du meilleur de ſon cœur. Comme

les femmes font naturellement portées à trahir leurs fentimens, celle de *Stofmair* n'agit pas de fon côté avec moins de diffimulation que Califronie; & l'on voit dans cette Scene un portrait au naturel de la perfidie attachée à la plûpart du fexe, dont les careffes font d'ordinaire trompeufes, & cachent le plus fouvent un cœur tout penetré de jaloufie, de rage, & de venin contre les mêmes perfonnes qu'elles embraffent avec tant de demonftrations de joye & de tendreffe. Chacun ayant pris place on commence la fête, qui eft un agreable mélange de chants & de danfes à l'efpagnole, & c'eft par ce fpectacle divertiffant que finit le IV. acte.

ACTE V.

LA fête eft un peu troublée par la jaloufie du Capitaine *Stridadénti*, qui ne pouvant fouffrir les airs de familiarité que fa femme fe donne avec *Augufte*, éclate tout d'un coup avec beaucoup de violence, ce qui oblige tout le monde à fe retirer; & le jaloux étant feul acheve de fe determiner entierement à renvoyer *Califronie* au Chaudron pour la remettre au même état où elle étoit avant fon premier changement, fur tout parce qu'elle s'eft mocquée de lui à fon nez, en

chantant certain air burlesque, pour le turlu-
piner, aimant mieux, contre l'usage & le
goût d'aujourd'hui, avoir une femme laide
& malade, qu'en avoir une belle & coquette,
& se consolant sur les infirmitez de la sienne,
qui selon toute apparence, l'envoyeroit bien
tôt en l'autre monde, au lieu qu'il creveroit
lui-même de chagrin, si cela duroit plus
longtemps. Non content de cette resolu-
tion, il prend encore celle de se deguiser
sous les habits de *Califronie*, pour poignar-
der impitoyablement *Auguste* quand il viendra (comme il le croit) pour l'enlever, &
court tout preparer pour l'execution de son
mauvais dessein. Cependant le *Vicomte*, aprés
avoir couru vainement de tous côtez pour
trouver *la Vicomtesse*, apprend avec beaucoup
de surprise, par *le Bailly* qu'il rencontre,
qu'elle est au Cabaret avec le Capitaine de
Cavalerie, où à force de boire & de fumer
elle s'est enivrée à la perfection. *Le Bailly*
fait alors une peinture naive des airs libertins
qu'elle se donne, ne parlant que de divertis-
semens, de plaisirs, & de festins, & ayant
accepté sans façon pour le même soir le bou-
quet, comme Reine du Bal, qui lui a été
presenté par ce grand brutal de Capitaine. *Le
Vicomte* prend tout cela pour de mauvaises
plaisanteries de son Bailly, & il n'est convain-
cu de la verité du fait que lors qu'il voit re-

venir sa femme soutenuë sous les bras par cet
Officier de Cavalerie, avec un Violon, &
une Lanterne en plein midi. Il se cache de
honte avec *le Bailly*, pour voir, sans être
apperçu, la fin d'une scene si extraordinaire,
& si accablante pour lui. *La Vicomtesse*, qui
ne se peut soûtenir, fait & dit beaucoup d'extravagances, & il n'est pas jusqu'à soeur *Pelagie*, qui n'en devine d'abord la raison. Le
Capitaine aprés l'avoir remise entre les mains
de sa femme de chambre, lui promet, en
sortant, de la venir prendre, quand il en
sera temps, pour la mener au Bal ; & dés
qu'il est rentré, *le Vicomte*, toûjours accom-
pagné du *Bailly*, s'approche, & accable la
Vicomtesse de plaintes & de reproches. L'é-
tat où elle est ne lui permet pas d'y être fort
sensible, & le Mari, voyant qu'elle ne peut
plus se soûtenir, & qu'elle n'entend rien de
tout ce qu'on lui peut dire de plus outra-
geant, ordonne à *Pelagie* de la conduire sur
son lict, pour y reprendre, s'il se peut, par
quelques heures de repos, ses sens & sa raison. *Le Vicomte* commande à son fidele *Bailly* de profiter du sommeil de la Vicomtesse,
pour la faire reporter au Chaudron, aimant
mieux qu'elle soit bigote, & incommode que
coureuse & baladine. Pendant qu'il rentre
pour executer cet ordre, les Marchands, &
les Ouvriers, qui ont mis la femme de *Stos-*
mar

mair dans l'équipage convenable pour paroî-
tre avec diſtinction dans le monde, viennent
lui demander de l'argent. Ils arrivent dans le
temps que *Dieterich* l'avertit du complot
qu'on a formé contr'elle : Et pour en faire
retomber la peine & l'affront ſur ceux qui en
ſont les auteurs, la *Stoſmair* trouve le ſecret
de gagner ce même valet, qui promet de ſe
mettre en embuſcade avec pluſieurs de ſes
camarades, & d'étriller comme il faut *Auguſte* & *Leandre* ſi tôt qu'ils paroîtront. Cette bonne femme renvoye tous ſes creanciers à ſon mari : Mais celui-cy leur declare nettement qu'il ne leur donnera pas la
maille ; & s'échape adroitement, pour ſe
delivrer de leurs importunitez. *Stoſmair* ne
ſçachant où ſe cacher pour n'être pas trouvé
par ces creanciers, qui le pourſuivent toûjours, rencontre par hazard *Auguſte* & *Leandre*, qui lui conſeillent d'aller ſe maſquer
chez le premier Fripier, & de venir au Bal
que le *Capitaine* de *Cavalerie* donne ce ſoir
là-même à la *Vicomteſſe* : ce qui eſt, diſent-
ils, un moyen ſeur, & infaillible d'éviter la
pourſuite de ces importuns. Il approuve cet
expedient, & s'enfuit à l'approche des creanciers, à qui *Leandre* & *Auguſte*, pour les
derouter, montrent un chemin tout contraire à celui que *Stoſmair* vient de prendre.
Ils ſont fort aiſe d'avoir ainſi éloigné le ma-

C

ri, dans le deſſein qu'ils ont de donner des coups de bâton à la femme, & *Leandre* ayant fait ouvrir, entre dans la maiſon, aprés avoir aſſeuré *Auguſte* d'envoyer inceſſamment Mademoiſelle *Stoſmair* dans la ruë, ſous pretexte d'y venir parler à ſon mari. Effectivement Mademoiſelle *Stoſmair* ne manque pas de deſcendre ſe confiant ſur les promeſſes de *Dieterich*, & ne doutant pas qu'il ne ſoit déjà embuſqué avec ſes camarades, pour tomber tout d'un coup ſur ceux, qui ont formé le deſſein de la maltraiter. Elle rencontre *le Vicomte* & *le Bailly*, qui dans l'obſcurité la prennent pour *la Vicomteſſe*, croyant qu'impatiente d'attendre ſon Capitaine de Cavalerie, elle a pris la reſolution d'aller toute ſeule au Bal. Dans cette penſée ils enlevent la femme de *Stoſmair* au lieu d'elle, & la font porter au Chaudron. *Le Vicomte* ayant chargé *le Bailly* d'y prendre garde, va auſſi ſe maſquer pour aller au Bal, & voir quelle contenance tiendra le Capitaine de Cavalerie, quand il n'y verra pas ſa Reine. Cependant ce même *Capitaine*, qui vient avec ſon Lieutenant pour prendre *la Vicomteſſe* & la mener au Bal, tombe malheureuſement pour eux dans l'embuſcade qu'on a dreſſé pour *Auguſte* & pour *Leandre*, & ſont tous deux roſſez de la bonne maniere. *Stoſmair* d'un autre côté vient tout masqué à sa porte, où apprenant que sa femme est sortie, il s'imagine qu'elle s'est éclipsée pour éviter la poursuite incommode de ses creanciers. La *Vicomtesse* s'ennuyant d'attendre, & voulant aller toute seule au Bal rencontre *Stosmair*, qu'elle prend d'abord pour le Capitaine de Cavalerie, pendant que *Stosmair*, par une autre méprise, croit fermement que la Vicomtesse est sa femme. Ils s'approchent, chacun dans cette pensée, & s'étant donné la main, ils vont tous deux, sans se connoître, au lieu où le Bal se doit donner. Pendant ce temps-là *Auguste* rode toûjours à l'entour du logis de *Stosmair* pour faire son coup : Mais le Capitaine *Stridadenti*, qui a pris les habits de sa femme, pour se trouver au lieu d'elle au rendez-vous, qu'il croit toûjours qu'elle a donné, arrive malheureusement pour essuyer à ses dépens l'orage destiné pour un autre ; & est étrillé d'importance par *Auguste*, qui le prend pour la femme de *Stosmair*. Le pauvre Capitaine *Stridadenti*, pour n'être pas assommé, est contraint de se découvrir, & d'avoüer ingenuement la cause de cette espece de mascarade, dont la fin est si douloureuse pour lui. *Auguste* le rasseure fort contre ses supçons mal fondez, & lui decouvre tout le mistere de ces coups de bâton.

C 2

qui dévoient tomber sur la femme de *Stos-mair*, pour vanger l'honneur *de Califronie*, & non sur lui-même. Persuadé de l'innocence de sa femme, il oublie le mauvais traitement qu'il vient de recevoir, & se desespere de ce que par un effet trop precipité de sa maudite jalousie il l'a fait reporter avec tant de hâte au Chaudron. Les tristes reflexions qu'il fait là-dessus ne font qu'aigrir sa douleur de plus en plus, & il court trouver *l'Operateur* pour empêcher, s'il se peut qu'on ne remette sa femme une seconde fois dans cet incomparable Chaudron, qui fait tant miracles. *Le Capitaine de Cavalerie*, quoyque terriblement estomaqué des coups de bâton qu'il a receus dans l'obscurité, sans sçavoir à qui s'en prendre, ne laisse pas de faire commencer son Bal, où viennent toutes sortes de masques. *La Vicomtesse*, qui y arrive des premieres avec *Stosmair* est fort surprise d'y trouver déjà le Capitaine de Cavalerie, croyant y être venuë avec lui, & le Capitaine de son côté est fort en colere de la voir avec un autre. Il fait tout ce qu'il peut pour connoître le masque dont elle est accompagnée, sans y pouvoir réussir jusqu'à l'arrivée *d'Arcas* & de *Timante*, qui reconnoissent d'abord *Stosmair*. *Le Capitaine* veut lui faire querelle : Mais les autres, qui ne songent qu'à se divertir à ses dépens, trouvent le moyen de l'empêcher, & l'on continüe à danser. *Le Vicomte*, masqué en noble Venitien, y vient aussi avec son *Bailly*, & est d'abord réconnu par *Arcas*, qui lui dit que c'est *la Vicomtesse* son Epousé, qui est la Reine du Bal. *Le Vicomte*, qui la croit déjà au Chaudron, asseure fort le contraire, & n'en est desabusé que quand *la Vicomtesse* ôte son masque en dansant, pour se rafraichir un peu. Alors *le Vicomte* & *le Bailly* demeurent comme immobiles d'étonnement, & celui-cy court chez l'Operateur pour s'en éclaircir encore mieux. *Le Vicomte* cependant, qui ne songe qu'à faire porter son Epouse au Chaudron, profite de l'occasion qui se presente de lui faire prendre la poudre que *l'Operateur* lui a donnée par precaution pour la faire dormir quand il en seroit besoin : Car *la Vicomtesse* ayant demandé un verre de Limonade, il trouve le secret de gagner le petit Page qui lui en porte, & d'y jetter adroitement la poudre preparée, qui ne manque pas de faire son effet en peu de temps. Cependant le Bal continüe toûjours, & plusieurs masques de differens caracteres y viennent, qui aprés avoir dansé deux à deux, se mêlent tous ensemble, & font une espece de contre-danse, figurée, qui est entrecoupée par quelques airs, & qui finit fort agreablement ce cinquiéme acte.

ACTE VI.

LA *Vicomteſſe* s'endort par l'effet de la poudre, que ſon mari lui a fait prendre, & l'on profite de ſon ſommeil pour la reporter au Chaudron, aprés que par le retour & le recit du *Bailly*, on a reconnu *l'Eſqui pro quo*, qu'il a fait, en y conduiſant Mademoiſelle *Stoſmair*, au lieu de la *Vicomteſſe*.

Stoſmair eſt ſi ravi qu'on ait remis ſa femme au Chaudron, que bien loin d'en marquer quelque reſſentiment, il donne encore cent écus au *Bailly*, pour lui en témoigner ſa reconnoiſſance. D'un autre côté *le Capitaine de Cavalerie* ſe voyant privé de ſa chere *Vicomteſſe*, prend la reſolution d'aller en bon & courtois Chevalier errant delivrer cette Princeſſe affligée de l'injuſte oppreſſion qu'elle ſouffre. Pendant tout celà *le Capitaine Stridadenti*, perſuadé de l'innonence de ſa femme, court chez *l'Operateur* pour empêcher, s'il ſe peut, qu'on ne remette *Califronie* au Chaudron : Mais il arrive malheureuſement trop tard, & il apprend, à ſon grand deplaiſir, que la Cure eſt preſque achevée. Sa douleur augmente encore quand il la voit ſortir du Chaudron aussi laide & aussi infirme, qu'elle étoit auparavant. *Auguste* & *Leandre* sont fort surpris de trouver *Califronie* dans cet état, & ne peuvent s'imaginer que ce soit elle qu'ils ont devant les yeux, quelque asseurance qu'on leur en donne, tant ils trouvent de difference entre ce qu'elle est pour lors, & ce qu'elle étoit peu de temps auparavant. L'infortunée *Califronie*, aprés son reveil tombe elle-même dans le plus affreux desespoir, quand elle apprend de tout le monde, & qu'elle voit dans un miroir, le funeste changement, qui est en elle. Elle s'emporte furieusement contre *l'Operateur*, qui lui a si cruellement ravi la beauté qu'elle avoit en partage, ce qui va, dit-elle, empêcher son cher *Auguste*, qu'elle aime à la fureur, de correspondre d'avantage à sa tendresse.

Le *Capitaine Stridadenti*, qui étoit veritablement touché du pitoyable état de sa femme, apprennant par elle-même qu'un autre en est aimé, change pour lors de sentiment, & paroît fort joyeux de cette seconde metamorphose. Il a d'autant plus de raison de se mocquer d'elle, que *Leandre* & *Auguste* ne pouvant supporter plùs long-temps la veuë d'une personne si dégoutante, se retirent avec beaucoup d'adresse & de froideur : Ce qui cause tant de douleur à *Califronie*, qu'elle tombe en foiblesse, & on

la met fur une chaife pour la faire revenir
par un peu de repos. *Stofmair* arrive auffi
chez *l'Operateur* pour voir fi fa femme aura
repris fa premiere laideur. Il la voit avec
beaucoup de fatisfaction telle qu'il la fou-
haitoit ; & quand elle eft fortie du Chaudron , & qu'elle a reconnu fon nouveau
changement, il ne peut s'empêcher de la
railler fur les airs ridicules qu'elle fe don-
noit étant belle. Enfin reprennant un ton
plus ferieux , il lui confeille de retourner
chez elle pour avoir foin du menage ; de
fonger ferieufement à payer fes dettes , & de
mener deformais une vie conforme à leur
état. *La Stofmair* promet de fuivre ponctuellement un fi fage confeil, & de s'accommo-
der en tout aux intentions d'un fi bon mari.
Le Vicomte vient voir auffi l'effet de cette
feconde leffive à l'égard *de la Vicomteffe*, qui
fort du Chaudron comme elle étoit autrefois. Sur ces entrefaites *le Capitaine Klingen-
fpalt*, armé comme un fecond *D. Quichote*,
fe prefente pour delivrer *la Vicomteffe*, qui
eft fa chere *Dulcinée*, de l'enchantement où
elle eft dans ce malheureux Chaudron. Tout
le monde fe raille de fon extravagance , &
l'on convient de joüer quelque tour à un fi
grand fanfaron. Cependant *la Vicomteffe* ve-
nant à fe reveiller , chacun fe retire , à la
referve du *Capitaine de Cavalerie & de Ti-*

mante. La Vicomtesse, qui croit toûjours être au Bal, se met d'abord à danser , & court faire des caresses à son cher *Capitaine.* Mais elle est fort étonnée de voir que celui-cy ni *Timante* ne la connoissent plus ; & ne sçait que juger elle même de se trouver dans d'autres habits , & dans un autre lieu que celui où l'on a donné le Bal.

Le Capitaine Klingenspalt, qui ne retrouve point *a Vicomtesse* dans les trois femmes qui paroissent, la croit encore dans le Chaudron , & veut la delivrer au peril de tout ce qui en peut arriver : Mais dans le temps qu'il va pour l'attaquer, il en sort deux petits esprits folets , en habit de Chevaliers, sous le nom de *D. Quichote* & de *Sancho Pança* qui lui presentent un autre esprit folet, sous la forme de *Dame Ragonde*, disant que c'est la beauté pour qui il veut s'exposer au combat. *La Vicomtesse* commence à connoître par là qu'on lui a joüé un mauvais tour ; & se regardant dans un miroir elle est si troublée de se rétrouver dans son premier état, qu'elle tombe sur une chaise accablée de douleur & de desespoir. Cependant le *Capitaine de Cavalerie* , refusant toûjours d'acepter pour sa *Dame* celle que les deux petis Chevaliers lui offrent , ceux-cy l'oblignt à se battre contre eux ; & l'ayant vaincu & desarmé , tout le monde l'en raille, & on le chasse honteusement de la compagnie.

Le Vicomte est le premier des trois maris qui s'adresse à sa femme, pour lui declarer, que ne pouvant plus souffrir son humeur, ni ses façons d'agir, qui sont directement opposées à la veritable devotion, & aux manieres, dont les honnêtes gens en usent dans le monde, il faut absolument qu'elle prenne sur le champ le parti d'entrer dans un Couvent, pour y passer le reste de ses jours. Quelque remontrance, ou priere, que fasse *la Vicomtesse*, rien ne peut attendrir son Epoux, qui commande *au Bailli* de la conduire sans delay au Couvent qui lui est destiné : Ce que le *Bailly* execute avec beaucoup de joye & de promptitude. *Le Capitaine Stridadenti* s'approche de *Calfronie*, & voyant que par les extravagances qu'elle fait, elle est devenuë tout à fait fole, il se flatte que de telles infirmitez de l'esprit & du corps lui procureront bientôt la consolation d'en être delivré pour toûjours ; & dans cet espoir il va lui faire preparer une chambre aux petites maisons, pour que du moins elle y soit bien servie pendant le peu de temps qu'elle a encore à vivre. Il n'y a que le bon *Stofmair* qui se racommode de bonne foy avec sa femme, sur l'asseurance qu'elle lui donne d'être plus raisonnable à l'avenir, & d'executer ponctuellement tout ce qu'il lui a conseillé de faire pour vivre deformais en bonne intelligence, ajoûtant que pour payer plus promptement les dettes quelle a faites, elle est determinée à rendre à ses Creanciers, qui se sont emparez de sa maison, tout ce qu'elle a pris d'eux, & par ce moyen se delivrer au plûtôt de leurs importunitez. Cette promesse faite avec toutes les apparences de sincerité, cause tant de joye à *Stofmair*, qu'il la veut témoigner publiquement par de nouvelles Noces, auxquelles il fait prier tout le voisinage. Plusieurs Vieillards & plusieurs Vieilles, ne manquent pas d'y venir sans retardement, & celebrent cet heureux jour par des chansons & par des danses, qui conviennent fort bien au sujet, & à leur caractere.

F I N.